AF219205

Impressum
Verlag: BABADADA GmbH, Nedderfeld 112 , 22529 Hamburg
Geschäftsführer / Verlagsleitung: Harald Hof
Druck: Books on Demand GmbH, In de Tarpen 42, 22848 Norderstedt

Imprint
Publisher: BABADADA GmbH, Nedderfeld 112 , 22529 Hamburg, Germany
Managing Director / Publishing direction: Harald Hof
Print: Books on Demand GmbH, In de Tarpen 42, 22848 Norderstedt

學校

okul

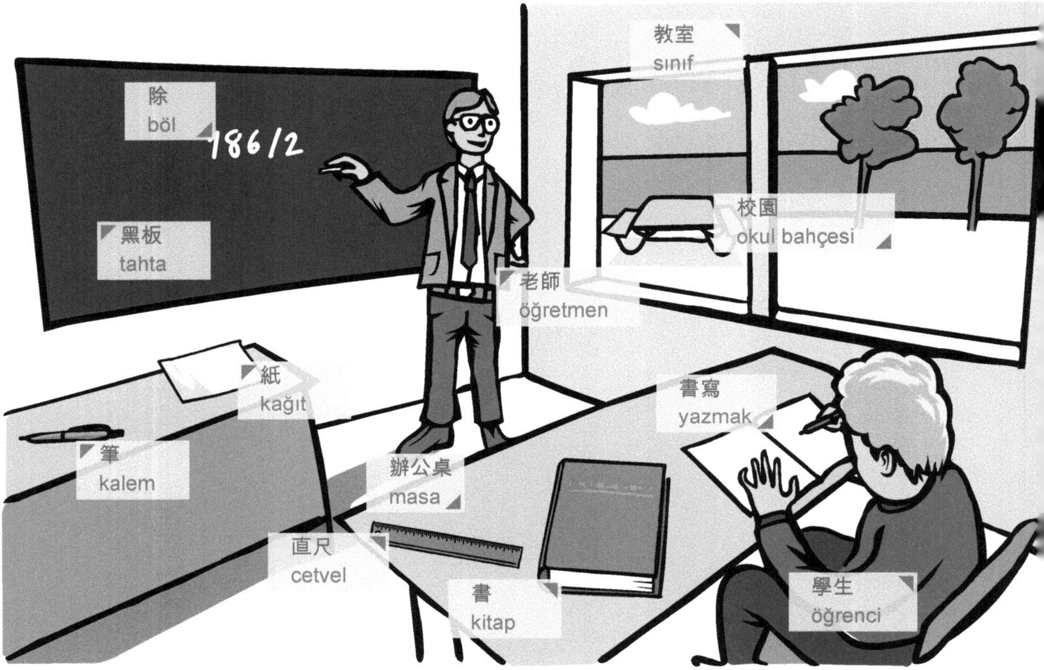
教室
sınıf
除
böl
186/2
黑板
tahta
校園
okul bahçesi
老師
öğretmen
紙
kağıt
書寫
yazmak
筆
kalem
辦公桌
masa
直尺
cetvel
書
kitap
學生
öğrenci

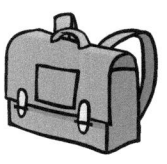

書包
okul çantası

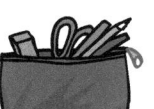

鉛筆盒
kalemlik

鉛筆
kurşun kalem

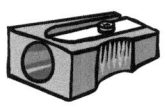

削鉛筆機
kalem açacağı

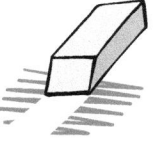

橡皮擦
silgi

畫板
çizim defteri

圖畫
çizim

畫筆
resim fırçası

顏料盒
boya kutusu

剪刀
makas

膠水
tutkal

練習冊
alıştırma kitabı

家庭作業
ödev

數字
sayı

加
ekle

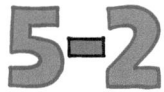

減
çıkar

乘
çarp

計算
hesapla

字母
harf

字母表
alfabe

字
kelime

課文
metin

讀
okumak

粉筆
tebeşir

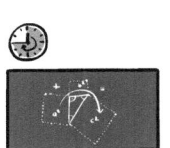

上課
ders

登記
kayıt

考試
sınav

證書
sertifika

校服
okul forması

教育
eğitim

百科全書
ansiklopedi

大學
üniversite

顯微鏡
mikroskop

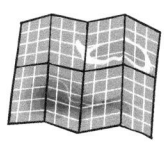

地圖
harita

廢紙簍
kağıt çöp kutusu

旅行
seyahat

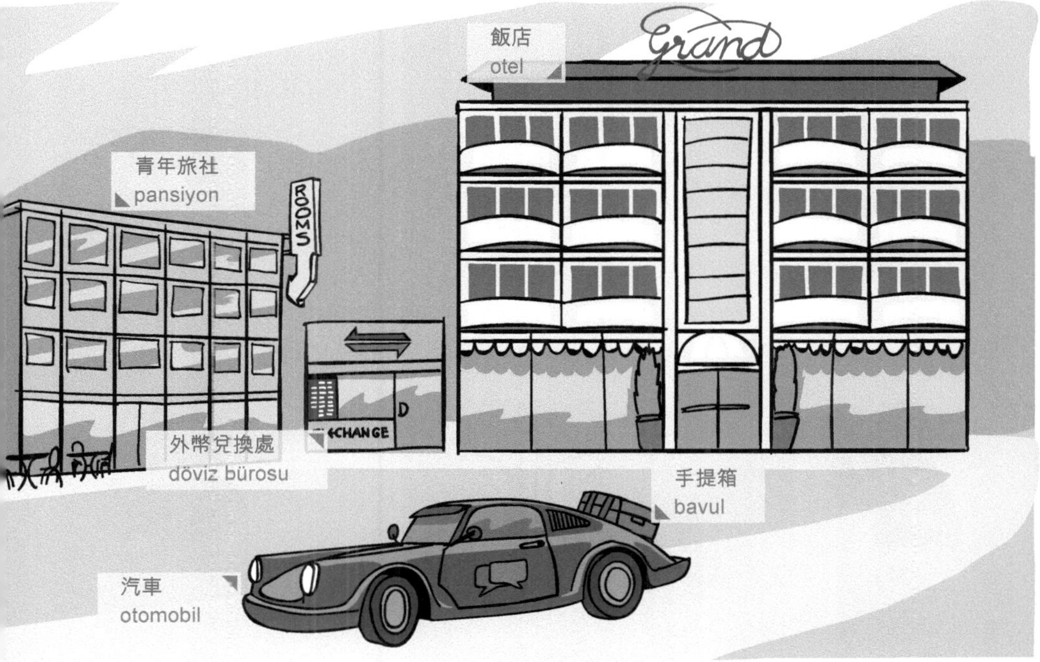
Grand
飯店
otel
青年旅社
pansiyon
ROOMS
外幣兌換處
döviz bürosu
手提箱
bavul
汽車
otomobil

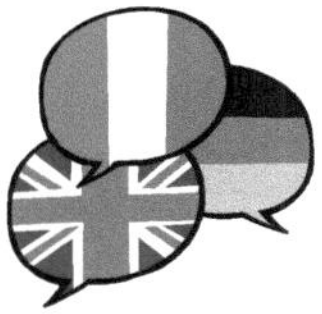

語言

dil

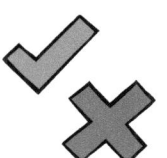

是/否

evet / hayır

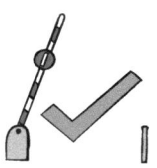

好的

Tamam

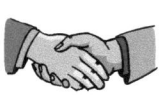

您好

merhaba

翻譯人員

çevirmen

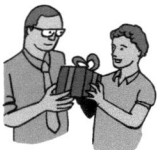

謝謝

Teşekkür ederim

……多少錢？
bu … ne kadar?

我不明白
anlamadım

問題
problem

晚上好！
İyi akşamlar!

早上好！
Günaydın!

晚安！
İyi geceler!

再見
güle güle

方向
yön

行李
bagaj

包
çanta

背包
sırt çantası

客人
misafir

房間
oda

睡袋
uyku tulumu

帳篷
çadır

旅行資訊
turist danışma

海灘
sahil

信用卡
kredi kartı

早餐
kahvaltı

午餐
öğle yemeği

晚餐
akşam yemeği

票
Bilet

電梯
asansör

郵票
pul

邊界
sınır

海關
gümrük

大使館
elçilik

簽證
vize

護照
pasaport

交通運送

ulaşım

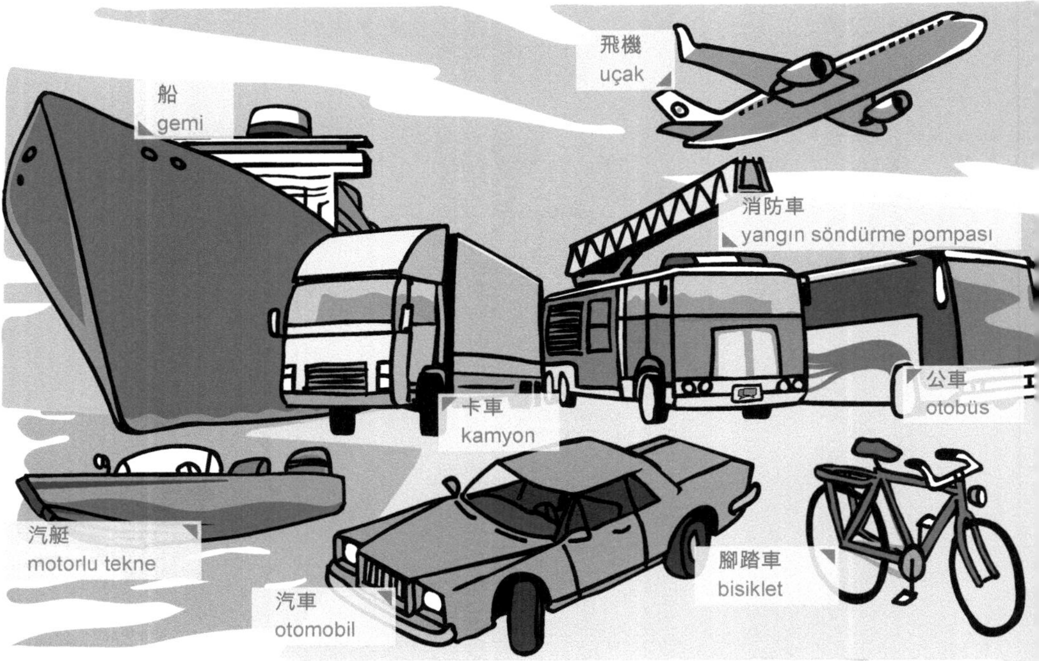

飛機
uçak
船
gemi
消防車
yangın söndürme pompası
公車
otobüs
卡車
kamyon
汽艇
motorlu tekne
腳踏車
bisiklet
汽車
otomobil

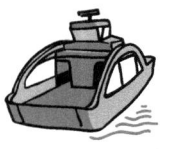

渡輪

feribot

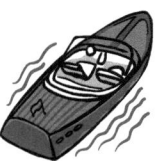

小船

bot

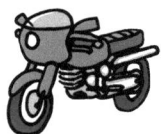

機車

motosiklet

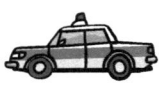

警車

polis arabası

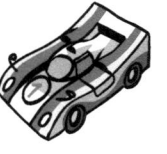

賽車

yarış arabası

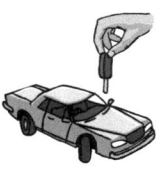

租車

kiralık araba

拼車
ortak araba

拖車
çekici

垃圾車
çöp kamyonu

馬達
motor

汽油
yakıt

加油站
benzinlik

交通標識
trafik işareti

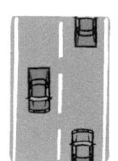

交通
trafik

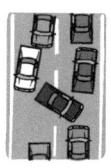

交通堵塞
trafik sıkışıklığı

停車場
otopark

火車站
tren istasyonu

軌道
ray

火車
tren

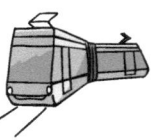

路面電車
tramvay

客車廂
vagon

直升機
helikopter

機場
havaalanı

塔
kule

乘客
yolcu

集裝箱
konteyner

紙板箱
koli

手推車
yük arabası

籃子
sepet

起飛/降落
kalkış / iniş

城市

şehir

村莊
köy

市中心
şehir merkezi

房子
ev

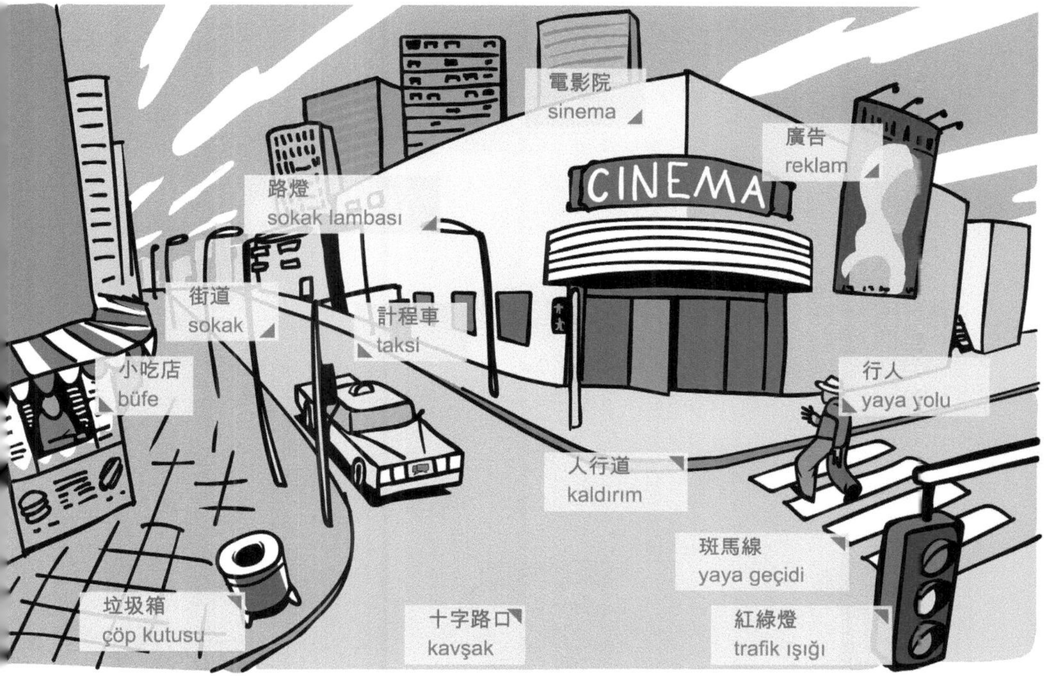

電影院
sinema
廣告
reklam
CINEMA
路燈
sokak lambası
街道
sokak
計程車
taksi
小吃店
büfe
行人
yaya yolu
人行道
kaldırım
斑馬線
yaya geçidi
垃圾箱
çöp kutusu
十字路口
kavşak
紅綠燈
trafik ışığı

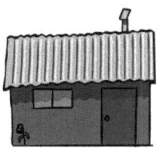

小屋

kulübe

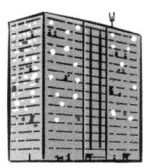

公寓

apartman dairesi

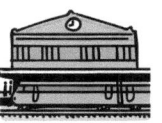

火車站

tren istasyonu

市政廳

belediye binası

MUSEUM

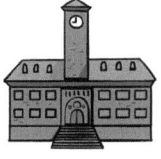

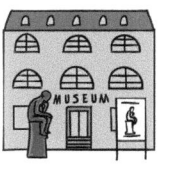

博物館

müze

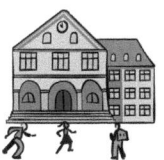

學校

okul

大學
üniversite

銀行
banka

醫院
hastane

飯店
otel

藥房
eczane

辦公室
ofis

書店
kitapçı

商店
mağaza

花店
çiçekçi

超市
süpermarket

市場
market

百貨商店
büyük mağaza

魚店
balık satıcısı

購物中心
alışveriş merkezi

海港
liman

公園

park

長凳

bank

橋

köprü

樓梯

merdiven

捷運

metro

隧道

tünel

公車站

otobüs durağı

酒吧

bar

餐館

restoran

郵筒

posta kutusu

路標

sokak tabelası

停車計時器

otopark sayacı

動物園

hayvanat bahçesi

游泳池

yüzme havuzu

清真寺

cami

農場
çiftlik

污染
kirlilik

墓地
mezarlık

教堂
kilise

操場
oyun alanı

寺廟
tapınak

地形
arazi

樹葉
yaprak

指示牌
yön tabelası

路
yol

草地
çayır

石頭
taş

徒步旅行者
yürüyüşçü

樹
ağaç

河
ırmak

草
çimen

花
çiçek

峽谷
vadi

丘陵
tepe

湖
göl

森林
orman

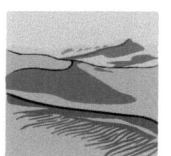

沙漠
çöl

火山
volkan

城堡
kale

彩虹
gökkuşağı

蘑菇
mantar

棕櫚樹
palmiye

蚊子
sivrisinek

蒼蠅
sinek

螞蟻
karınca

蜜蜂
arı

蜘蛛
örümcek

甲蟲

böcek

青蛙

kurbağa

松鼠

sincap

刺蝟

kirpi

野兔

yabani tavşan

貓頭鷹

baykuş

鳥

kuş

天鵝

kuğu

野豬

yaban domuzu

鹿

geyik

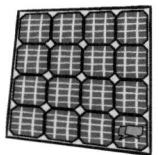

麋鹿

geyik

水壩

baraj

風力發電機

rüzgar türbini

太陽能電池板

güneş paneli

氣候

iklim

餐館

restoran

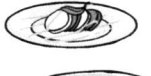

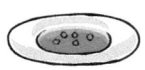

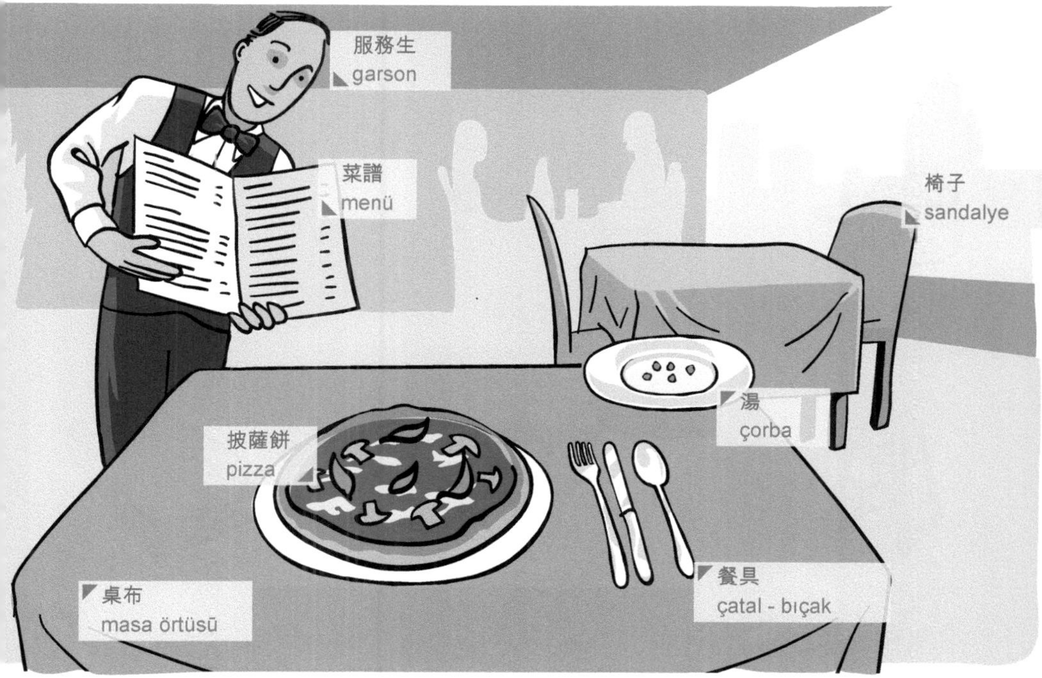
服務生
garson
菜譜
menü
椅子
sandalye
湯
çorba
披薩餅
pizza
桌布
masa örtüsü
餐具
çatal - bıçak

前菜

başlangıç

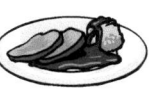

主菜

ana yemek

甜點

tatlı

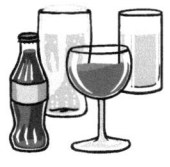

飲料

içecekler

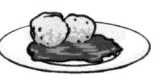

食物

yemek

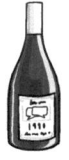

瓶子

şişe

速食

fastfood

街邊小吃

sokak yemeği

茶壺

çaydanlık

糖盒

şekerlik

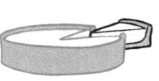

一份飯菜

porsiyon

義式咖啡機

espresso makinesi

高腳椅

mama sandalyesi

帳單

fatura

托盤

tepsi

刀

bıçak

餐叉

çatal

勺子

kaşık

茶匙

çay kaşığı

餐巾

servis peçetesi

玻璃杯

bardak

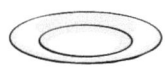

碟子
tabak

湯盤
çorba kasesi

碟子
fincan altlığı

醬
sos

鹽瓶
tuzluk

胡椒研磨罐
karabiber değirmeni

醋
sirke

食用油
yağ

調味料
baharat

番茄醬
ketçap

芥末
hardal

美乃滋
mayonez

超市

süpermarket

特價
özel teklif
FOR
顧客
müşteri
乳製品
süt ürünleri
水果
meyve
購物車
alışveriş arabası

BUTCHERS

肉鋪

kasap

BAKERY

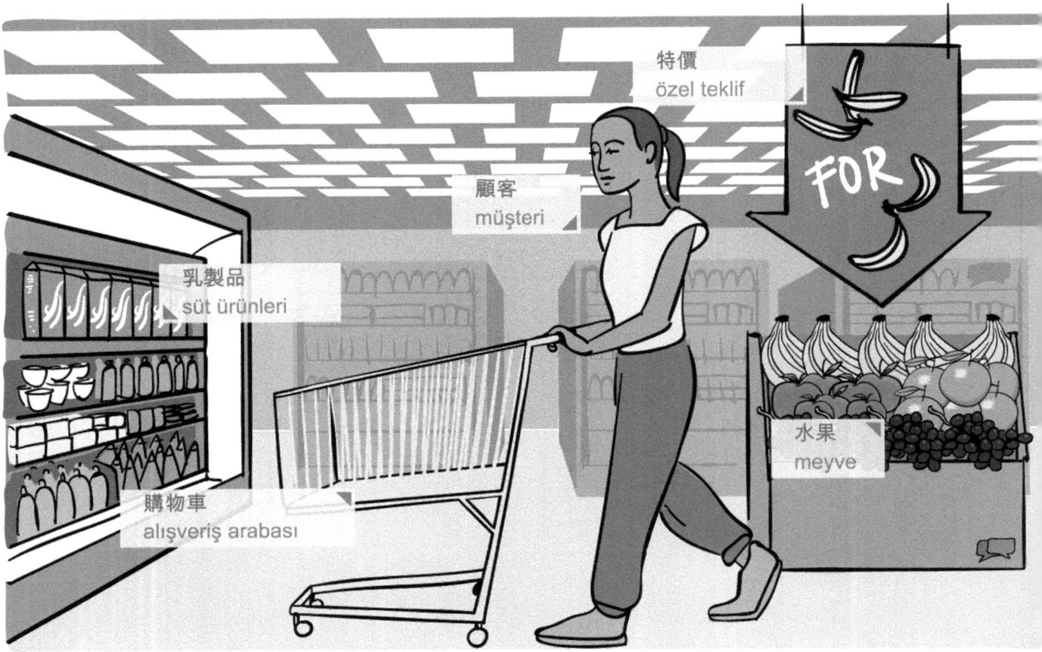

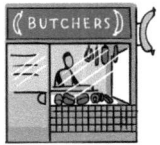

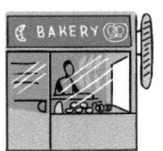

麵包店

fırın

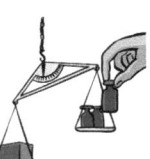

稱重

tartmak

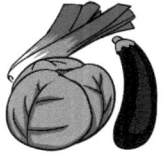

蔬菜

sebze

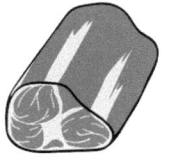

肉

et

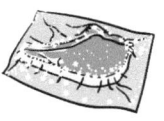

冷凍食品

donmuş gıda

冷盤
söğüş et

罐頭食品
konserve yiyecek

洗衣粉
toz deterjan

甜食
şekerlemeler

日用品
ev temizlik ürünleri

清潔用品
temizlik ürünleri

銷售員
satış görevlisi

收銀機
yazar kasa

收銀員
kasiyer

購物清單
alışveriş listesi

開放時間
açılış saatleri

錢包
cüzdan

信用卡
kredi kartı

袋子
çanta

塑膠袋
plastik poşet

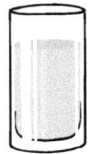

水
....
su

果汁
....
meyve suyu

牛奶
....
süt

可樂
....
kola

紅酒
....
şarap

啤酒
....
bira

酒
....
alkol

可可
....
kakao

茶
....
çay

咖啡
....
kahve

義式濃縮咖啡
....
espresso

卡布奇諾
....
kapuçino

香蕉

muz

蘋果

elma

柳丁

portakal

西瓜

kavun

檸檬

limon

胡蘿蔔

havuç

大蒜

sarımsak

竹子

bambu

洋蔥

soğan

蘑菇

mantar

堅果

çerez

麵條

makarna

義大利麵

spagetti

米飯

pirinç

沙拉

salata

薯條

cips

炸馬鈴薯

patates kızartması

披薩餅

pizza

漢堡

hamburger

三明治

sandviç

炸豬排

şinitzel

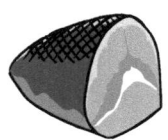

火腿

pastırma

義大利臘腸

salam

香腸

sosis

雞肉

tavuk

烤肉

rosto

魚

balık

燕麥片

yulaf ezmesi

木斯里

müsli

玉米片

mısır gevreği

麵粉

un

牛角麵包

kruvasan

麵包捲

küçük ekmek

麵包

ekmek

吐司

tost

餅乾

bisküvi

奶油

tereyağı

凝乳

kaymak

蛋糕

kek

蛋

yumurta

煎蛋

sahanda yumurta

起司

peynir

冰淇淋

dondurma

糖

şeker

蜂蜜

bal

果醬

reçel

巧克力醬

fındık ezmesi

咖哩

köri

農場

çiftlik

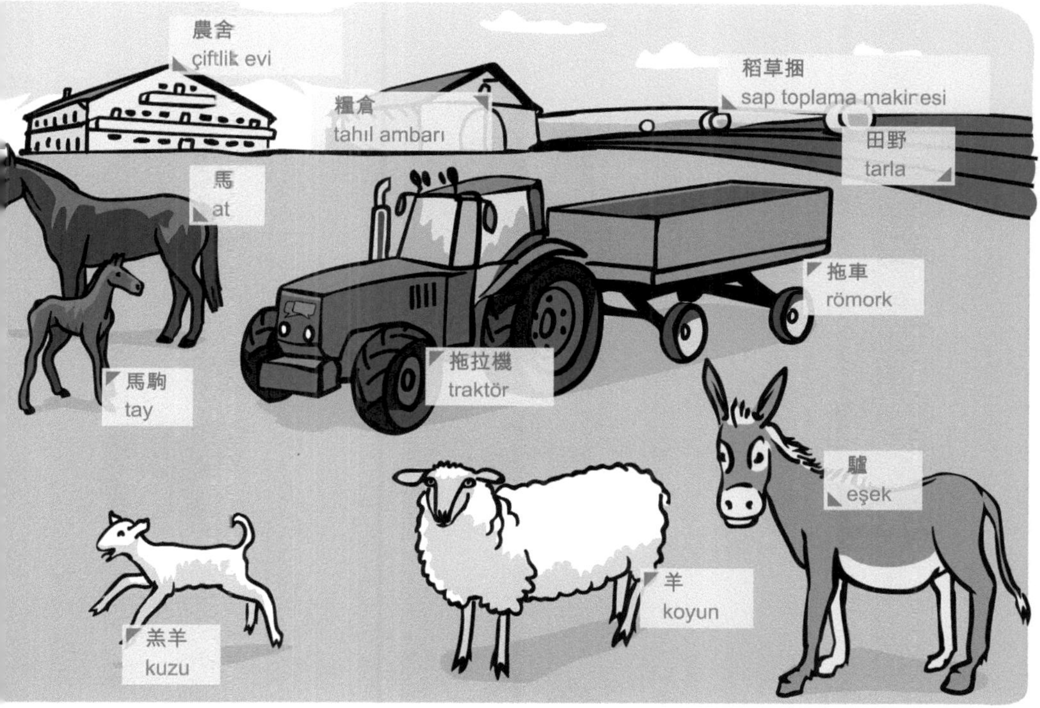
農舍
çiftlik evi
糧倉
tahıl ambarı
稻草捆
sap toplama makinesi
田野
tarla
馬
at
拖車
römork
拖拉機
traktör
馬駒
tay
驢
eşek
羊
koyun
羔羊
kuzu

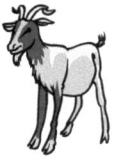

山羊

keçi

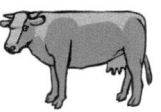

奶牛

inek

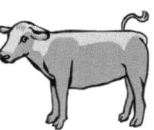

小牛

buzağı

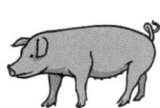

豬

domuz

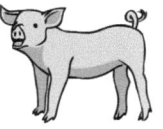

小豬

domuz yavrusu

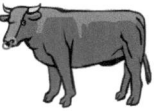

公牛

boğa

鵝

kaz

鴨

ördek

小雞

civciv

母雞

tavuk

公雞

horoz

鼠

sıçan

貓

kedi

老鼠

fare

牛

öküz

狗

köpek

狗屋

köpek kulübesi

花園澆水軟管

bahçe hortumu

澆水壺

sulama kabı

長柄大鐮刀

tırpan

犁

pulluk

鐮刀

orak

鋤頭

çapa

長柄草耙

dirgen

斧頭

balta

獨輪手推車

el arabası

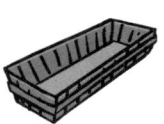

飼料槽

yemlik

牛奶罐

süt kovası

麻布袋

çuval

柵欄

çit

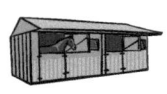

馬廄

ahır

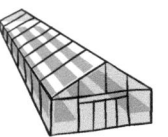

溫室

sera

土壤

toprak

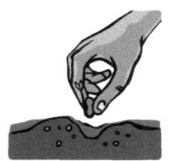

種子

tohum

肥料

gübre

聯合收割機

biçerdöver

收割
hasat etmek

收割
harman

地瓜
tatlı patates

小麥
buğday

大豆
soya

土豆
patates

玉米
mısır

油菜籽
kolza

果樹
meyve ağacı

樹薯
manyok

穀物
hububat

房子

ev

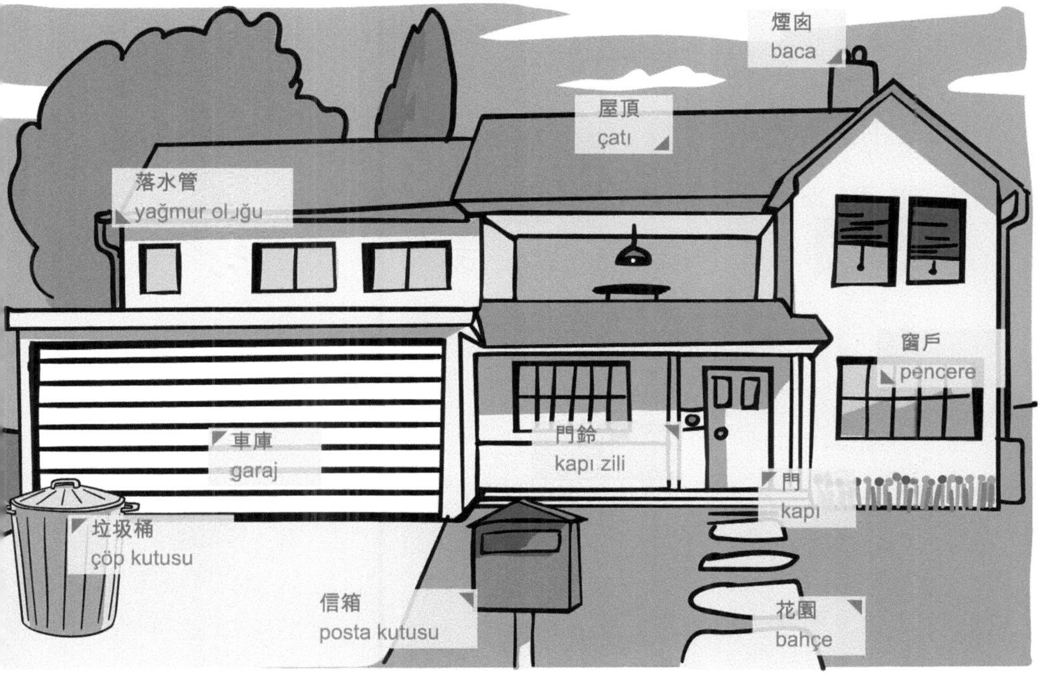

煙囪
baca
屋頂
çatı
落水管
yağmur oluğu
窗戶
pencere
車庫
garaj
門鈴
kapı zili
門
kapı
垃圾桶
çöp kutusu
信箱
posta kutusu
花園
bahçe

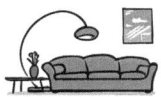

客廳

oturma odası

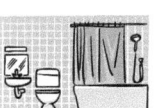

浴室

banyo

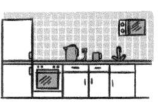

廚房

mutfak

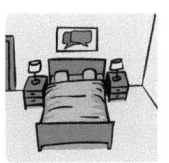

臥室

yatak odası

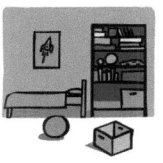

兒童房

çocuk odası

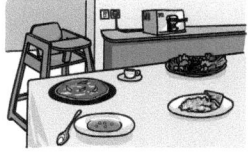

餐廳

yemek odası

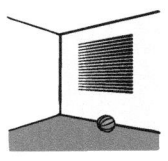

地板

zemin

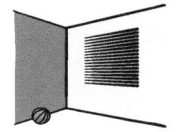

牆壁

duvar

天花板

tavan

地窖

kiler

三溫暖

sauna

陽臺

balkon

露臺

teras

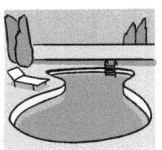

游泳池

havuz

割草機

çim biçme makinesi

被單

çarşaf

床罩

yatak örtüsü

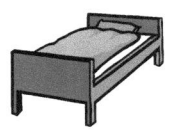

床

yatak

掃帚

süpürge

水桶

kova

開關

anahtar

客廳

oturma odası

壁紙
duvar kağıdı
相片
resim
檯燈
lamba
擱架
raf
櫥櫃
dolap
電視
televizyon
壁爐
şömine
花
çiçek
墊子
minder
沙發
kanepe
花瓶
vazo
遙控器
uzaktan kumanda

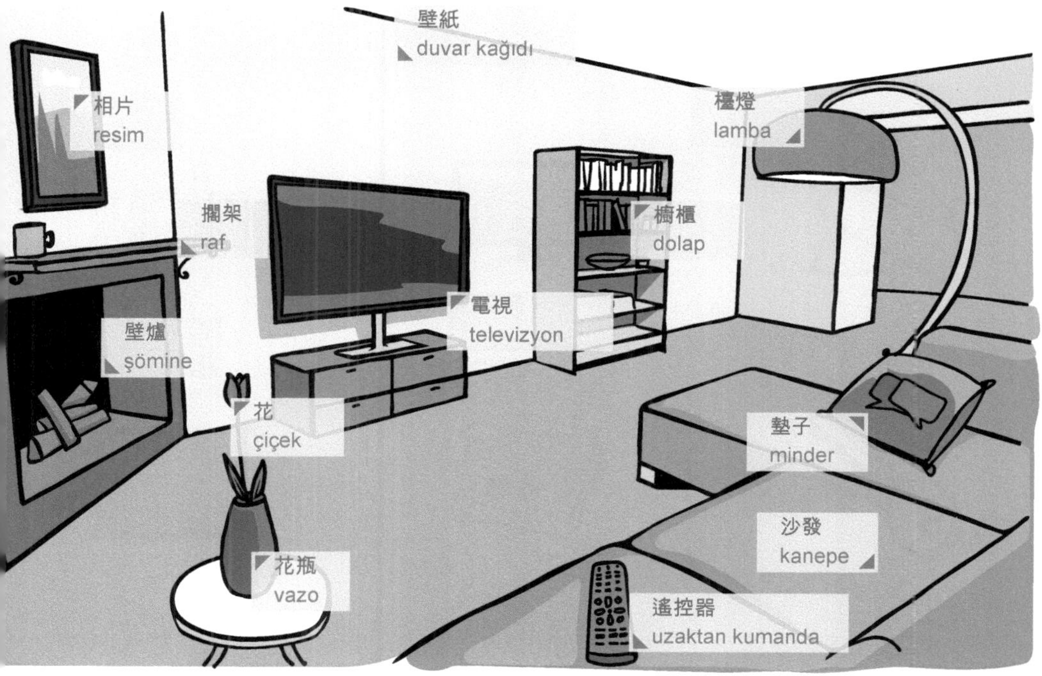

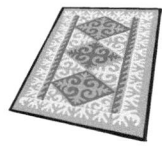

地毯

halı

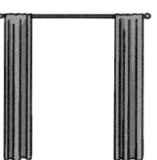

窗簾

perde

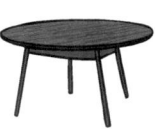

餐桌

masa

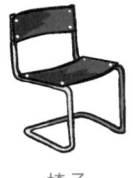

椅子

sandalye

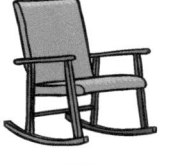

搖椅

salıncaklı koltuk

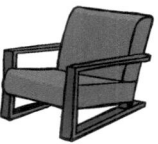

扶手椅

koltuk

書
kitap

毯子
battaniye

裝飾品
dekor

木柴
odun

電影
film

高傳真音響
hi-fi

鑰匙
anahtar

報紙
gazete

油畫
tablo

海報
poster

收音機
radyo

筆記本
defter

吸塵器
elektrikli süpürge

仙人掌
kaktüs

蠟燭
mum

廚房
mutfak

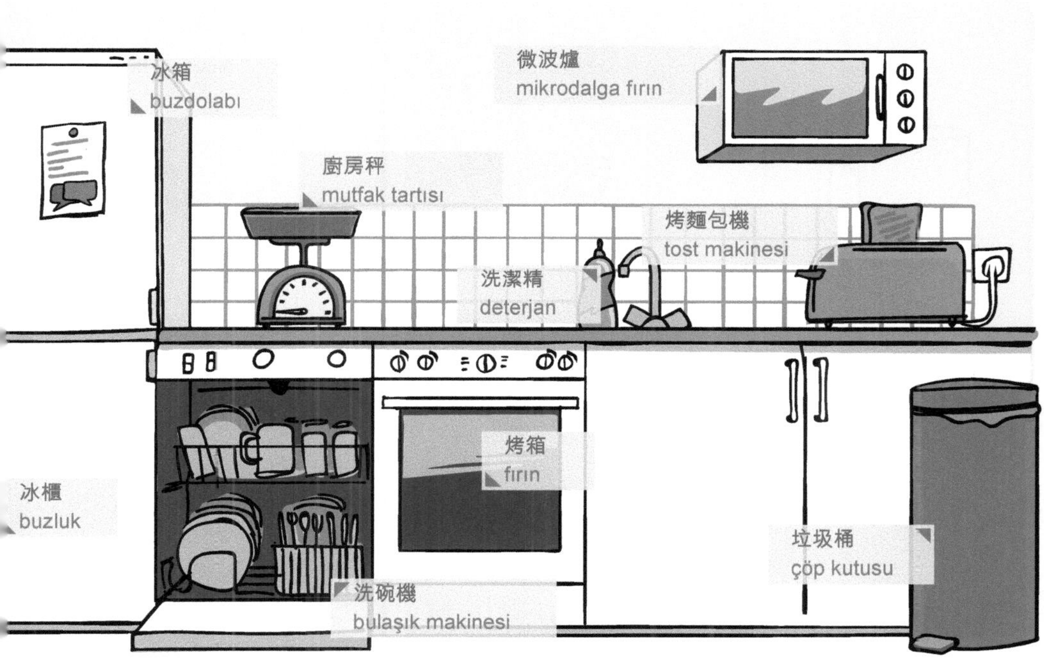

冰箱
buzdolabı
微波爐
mikrodalga fırın
廚房秤
mutfak tartısı
烤麵包機
tost makinesi
洗潔精
deterjan
烤箱
fırın
冰櫃
buzluk
垃圾桶
çöp kutusu
洗碗機
bulaşık makinesi

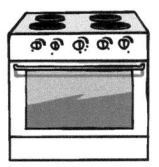

炊具
ocak

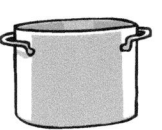

鍋
tencere

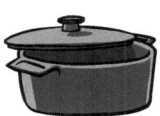

鑄鐵鍋
döküm tencere

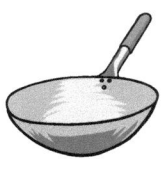

炒鍋
wok

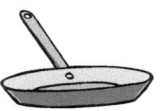

平底鍋
tava

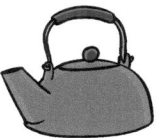

水壺
su ısıtıcı

蒸鍋

buharlı pişirici

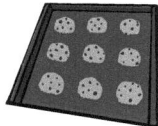

烤盤

pişirme tepsisi

陶瓷鍋

tabak takımı

馬克杯

kupa

碗

kase

筷子

çubuk (çin yemeği)

長柄勺

kepçe

鏟子

spatula

攪拌器

çırpma teli

濾網

süzgeç

篩子

elek

磨碎機

rende

研缽

havan

燒烤

barbekü

明火

açık ateş

菜板
kesme tahtası

擀麵杖
merdane

開瓶器
tirbüşon

罐子
konserve kutusu

開罐器
konserve açacağı

隔熱手套
fırın eldiveni

水槽
evye

刷子
fırça

海綿
sünger

攪拌機
blender

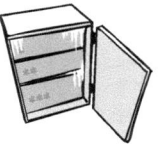

冷藏箱
derin dondurucu

奶瓶
biberon

水龍頭
musluk

浴室

banyo

供暖裝置
ısıtma
淋浴
duş
毛巾
havlu
浴簾
duş perdesi
泡沫浴
köpük banyosu
浴缸
küvet
玻璃杯
bardak
洗衣機
çamaşır makinesi
水龍頭
musluk
瓷磚
fayans
便壺
lazımlık
水槽
evye

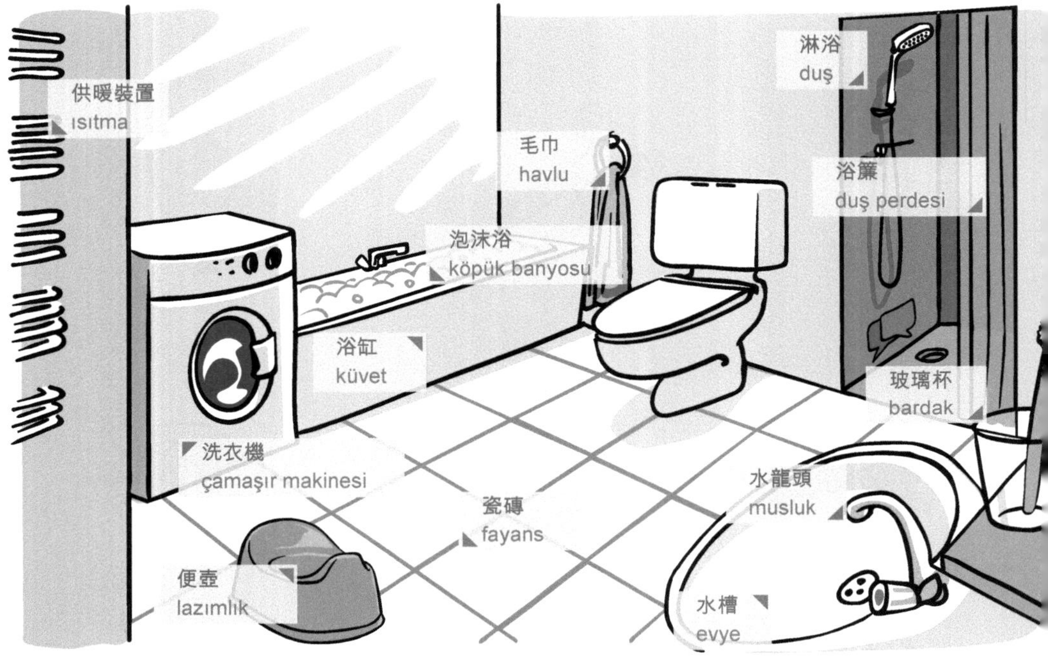

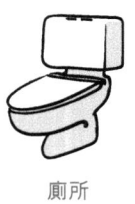

廁所

tuvalet

蹲便器

alaturka tuvalet

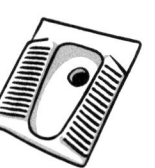

坐浴器

bide

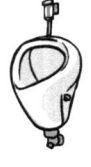

小便斗

pisuvar

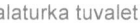

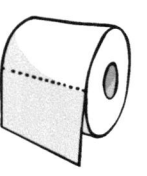

廁紙

tuvalet kağıdı

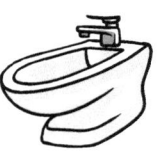

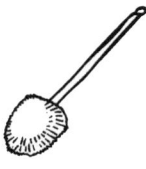

馬桶刷

tuvalet fırçası

牙刷
diş fırçası

牙膏
diş macunu

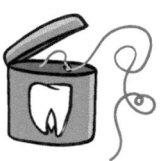

牙線
diş ipi

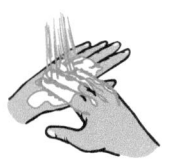

洗
yıkamak

手持式蓮蓬頭
duş başlığı

沖洗器
duş başlığı şeklinde taharet musluğu

洗臉盆
küvet

洗背刷
banyo fırçası

肥皂
sabun

沐浴霜
duş jeli

洗髮乳
şampuan

法蘭絨
banyo lifi

排水
gider

乳霜
krem

除臭劑
deodorant

鏡子

ayna

手鏡

el aynası

刮鬍刀

jilet

刮鬍泡沫

tıraş köpüğü

鬍後水

tıraş losyonu

梳子

tarak

刷子

fırça

吹風機

saç kurutma makinesi

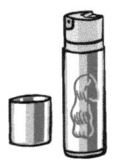

噴髮定型劑

saç spreyi

化妝品

makyaj

唇膏

ruj

指甲油

tırnak cilası

化妝棉

pamuk

指甲剪

tırnak makası

香水

parfüm

洗漱包

makyaj çantası

凳子

tabure

計重秤

tartı

浴袍

bornoz

橡膠手套

lastik eldiven

衛生棉條

tampon

衛生棉

kadın pedi

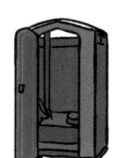

化學廁所

kimyevi tuvalet

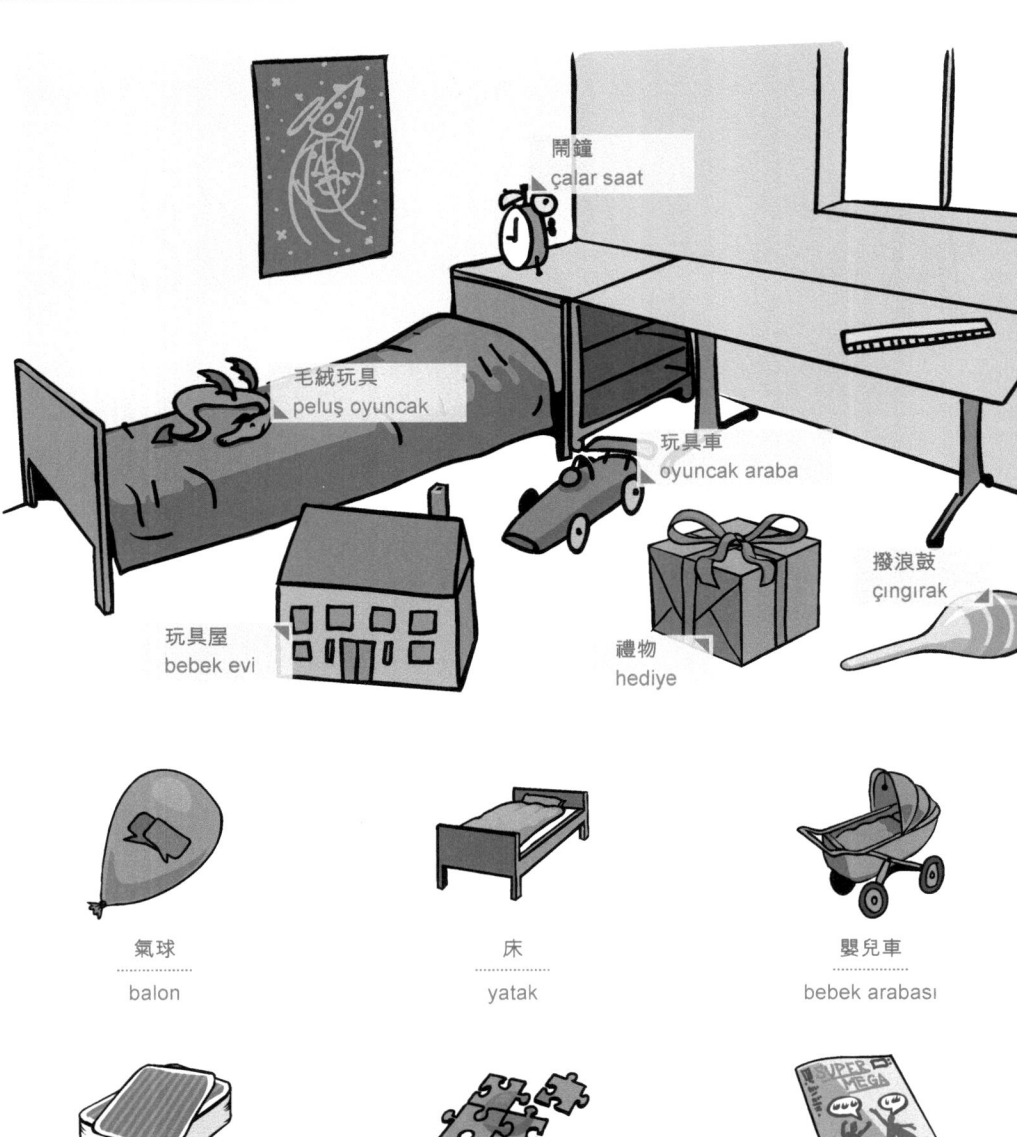

鬧鐘
çalar saat

毛絨玩具
peluş oyuncak

玩具車
oyuncak araba

玩具屋
bebek evi

禮物
hediye

撥浪鼓
çıngırak

氣球
balon

床
yatak

嬰兒車
bebek arabası

撲克牌
kart destesi

拼圖
yapboz

漫畫
çizgi roman

樂高積木

lego tuğlaları

積木玩具

lego blokları

公仔

aksiyon figürü

嬰兒服

zıbın

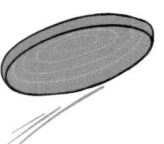

飛盤

frizbi

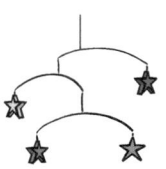

床鈴玩具

dönence

棋盤遊戲

masa oyunu

骰子

zar

火車模型

model tren seti

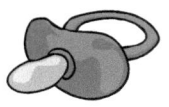

安撫奶嘴

emzik

派對

parti

繪本

resimli kitap

球

top

洋娃娃

oyuncak bebek

玩

oynamak

沙坑

kum havuzu

鞦韆

salıncak

玩具

oyuncaklar

電玩遊戲

video oyun konsolu

三輪車

üç tekerlekli bisiklet

泰迪熊

oyuncak ayı

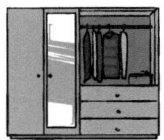

衣櫃

gardırop

衣服

kıyafet

襪子

çorap

長襪

külotlu çorap

緊身褲

tayt

圍巾
eşarp

雨傘
şemsiye

T恤
tişört

皮帶
kemer

靴子
bot

拖鞋
terlik

運動鞋
spor ayakkabı

涼鞋
sandalet

鞋
ayakkabı

雨靴
lastik çizme

內褲
külot

胸罩
sütyen

背心
yelek

身體
dar bluz

褲子
pantolon

牛仔褲
kot pantolon

短裙
etek

女式襯衫
bluz

襯衫
gömlek

套頭衫
kazak

連帽上衣
süveter

西裝夾克
blazer

夾克
ceket

外套
mont

雨衣
yağmurluk

套裝
kostüm

連衣裙
elbise

婚紗
gelinlik

西裝

takım elbise

睡袍

gecelik

睡衣

pijama

莎麗

sari

頭巾

baş örtüsü

包頭巾

türban

波卡

burka

卡夫坦

kaftan

(阿拉伯式)長袍

çarşaf

泳衣

mayo

男式泳褲

erkek mayosu

短褲

şort

運動服

eşofman

圍裙

önlük

手套

eldiven

鈕扣

düğme

眼鏡

gözlük

手鏈

bilezik

項鍊

kolye

戒指

yüzük

耳環

küpe

便帽

kep

衣架

portmanto

帽子

şapka

領帶

kravat

拉鍊

fermuar

安全帽

kask

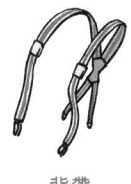

背帶

pantolon askısı

校服

okul forması

制服

üniforma

圍兜
mama önlüğü

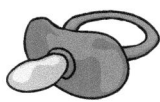

安撫奶嘴
emzik

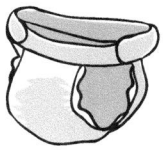

尿布
bebek bezi

辦公室
ofis

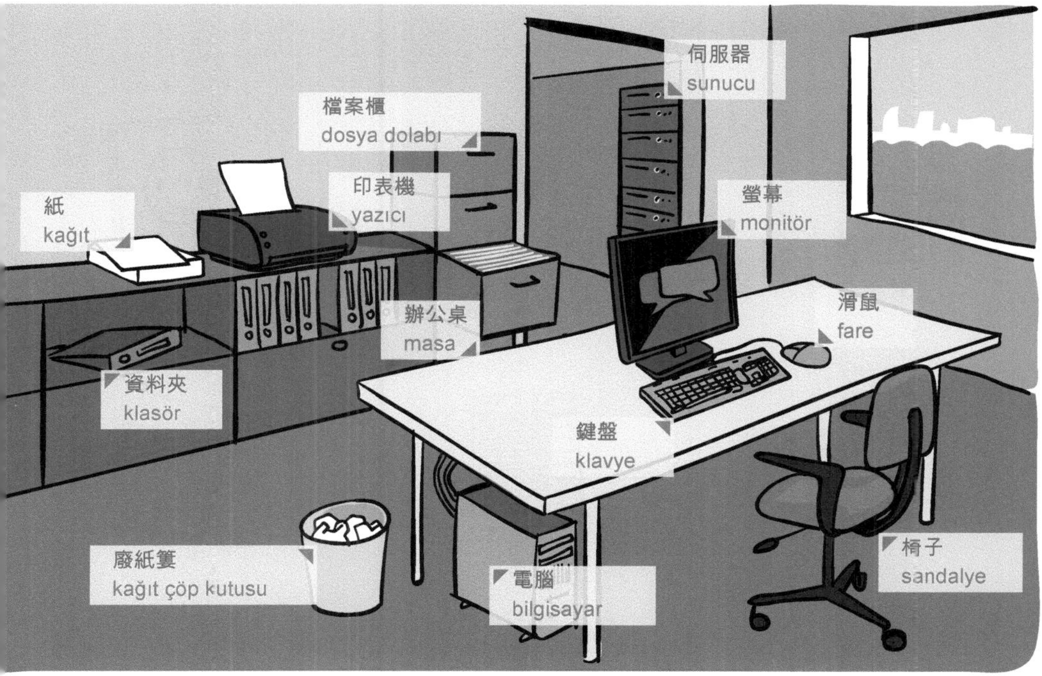

伺服器
sunucu

檔案櫃
dosya dolabı

印表機
yazıcı

螢幕
monitör

紙
kağıt

辦公桌
masa

滑鼠
fare

資料夾
klasör

鍵盤
klavye

廢紙簍
kağıt çöp kutusu

電腦
bilgisayar

椅子
sandalye

咖啡杯
kahve fincanı

計算機
hesap makinesi

網際網路
internet

筆記型電腦

dizüstü

信件

mektup

簡訊

mesaj

行動電話

cep telefonu

網路

ağ

影印機

fotokopi makinesi

軟體

yazılım

電話

telefon

插座

priz

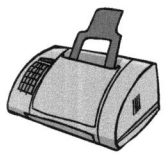

傳真機

faks makinesi

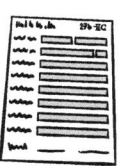

表格

form

檔案

belge

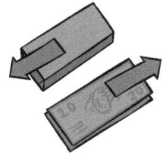

買
satın almak

付錢
ödemek

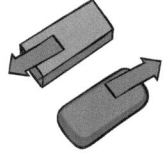

交易
ticaret yapmak

現金
para

美元
dolar

歐元
avro

日元
yen

盧布
ruble

瑞士法郎
İsviçre frangı

人民幣
Çin yuanı

盧比
rupi

提款處
kasa

外幣兌換處

döviz bürosu

金

altın

銀

gümüş

石油

petrol

能源

enerji

價格

fiyat

合約

kontrat

稅金

vergi

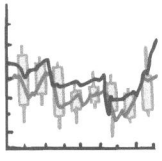

股票

menkul değer

工作

çalışmak

職員

işveren

老闆

işçi

工廠

fabrika

商店

mağaza

職業
meslekler

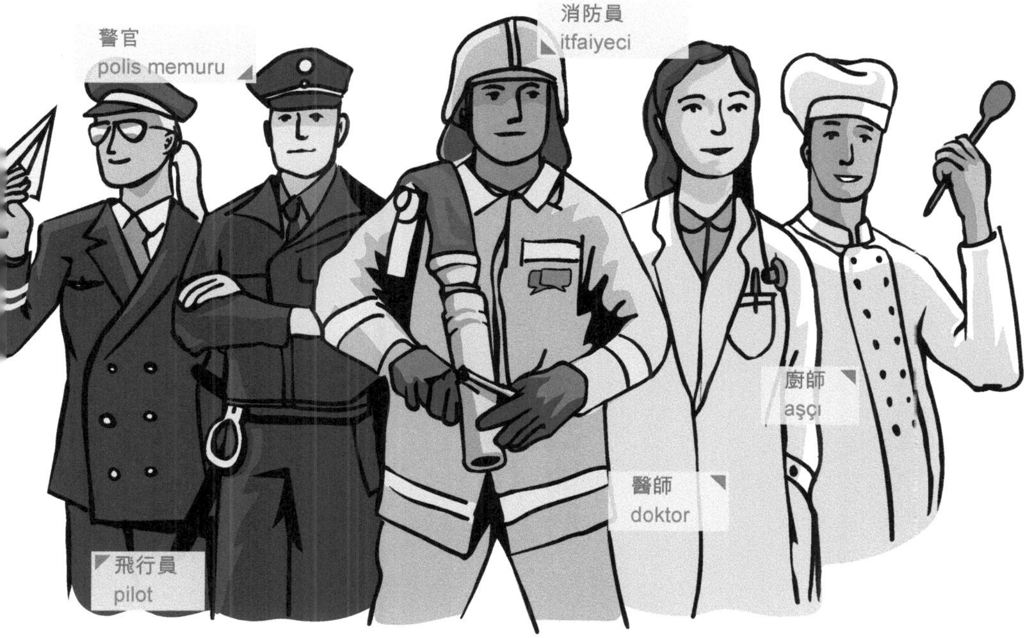

警官
polis memuru
消防員
itfaiyeci
廚師
aşçı
醫師
doktor
飛行員
pilot

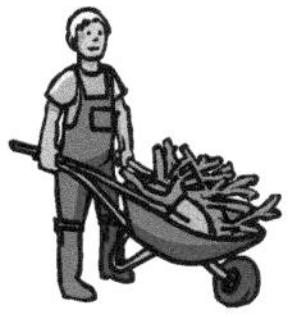

園丁

bahçıvan

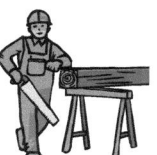

木匠

marangoz

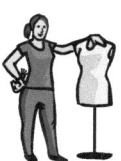

裁縫

terzi

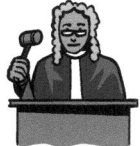

法官

hakim

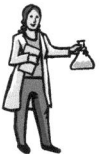

化學家

kimyager

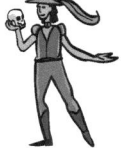

演員

aktör

公車司機

otobüs şoförü

計程車司機

taksi şoförü

漁夫

balıkçı

清洗女工

temizlikçi

屋頂工

çatı ustası

服務生

garson

獵人

avcı

畫家

boyacı

麵包師

fırıncı

電工

elektrikçi

建築工人

inşaatçı

工程師

mühendis

屠夫

kasap

水管工

muslukçu

郵差

postacı

士兵

asker

建築師

mimar

收銀員

kasiyer

花農

çiçekçi

理髮師

kuaför

售票員

kondüktör

機械技師

tamirci

船長

kaptan

牙醫

dişçi

科學家

bilim insanı

拉比

haham

伊瑪目

imam

和尚

keşiş

牧師

rahip

工具

aletler

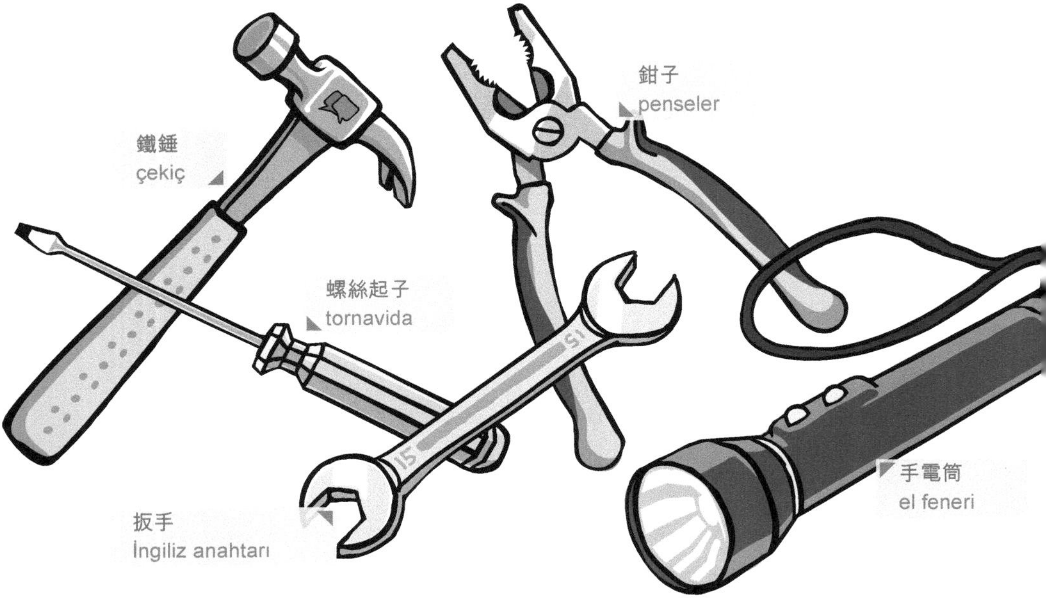

鐵錘
çekiç
鉗子
penseler
螺絲起子
tornavida
扳手
İngiliz anahtarı
手電筒
el feneri

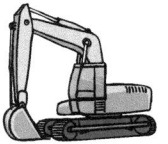

挖掘機

kazı makinesi

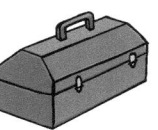

工具箱

alet çantası

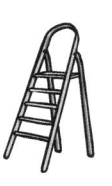

梯子

merdiven

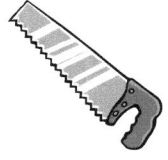

鋸子

testere

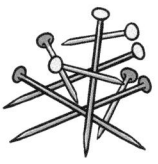

釘子

çiviler

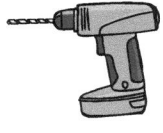

鑽機

matkap

修
tamir etmek

鏟子
kürek

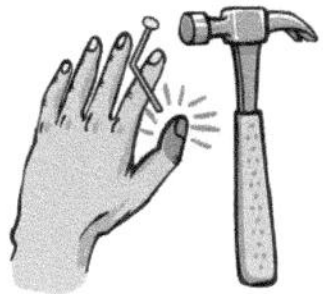

糟糕！
Kahretsin!

畚箕
faraş

油漆桶
boya tenekesi

螺絲
vidalar

樂器
müzik enstrümanı

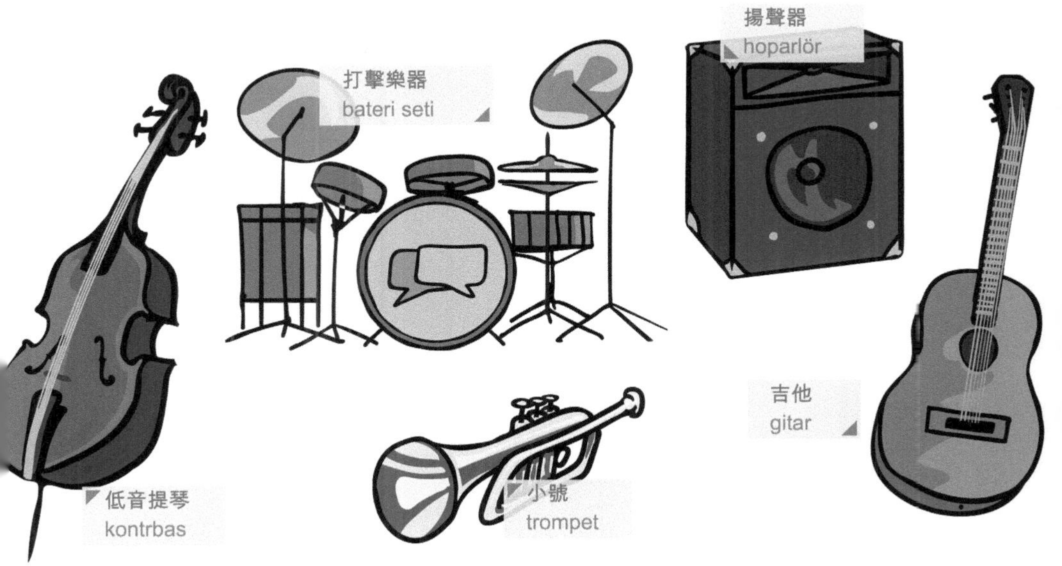

打擊樂器
bateri seti

揚聲器
hoparlör

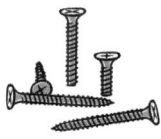

吉他
gitar

低音提琴
kontrbas

小號
trompet

鋼琴

piyano

小提琴

keman

貝斯

basgitar

定音鼓

timpani

鼓

bateri

電子琴

klavye

薩克斯風

saksafon

長笛

flüt

麥克風

mikrofon

動物園

hayvanat bahçesi

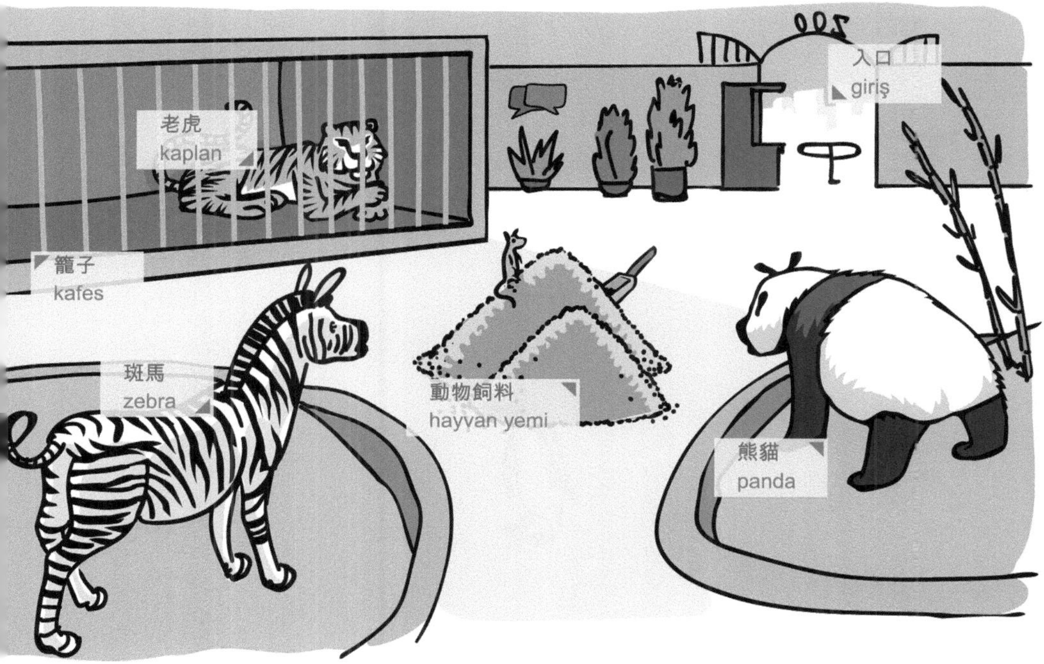

老虎
kaplan
入口
giriş
籠子
kafes
斑馬
zebra
動物飼料
hayvan yemi
熊貓
panda

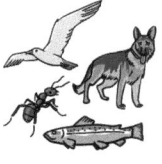

動物

hayvanlar

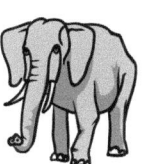

大象

fil

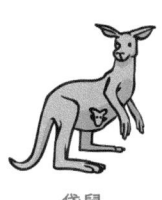

袋鼠

kanguru

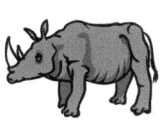

犀牛

gergedan

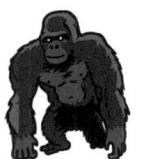

大猩猩

goril

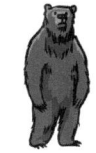

熊

ayı

駱駝
deve

鴕鳥
deve kuşu

獅子
aslan

猴子
maymun

紅鶴
flamingo

鸚鵡
papağan

北極熊
kutup ayısı

企鵝
penguen

鯊魚
köpek balığı

孔雀
tavus kuşu

蛇
yılan

鱷魚
timsah

動物園管理員
hayvanat bahçesi görevlisi

海豹
fok

美洲豹
jaguar

矮種馬
midilli atı

豹
leopar

河馬
su aygırı

長頸鹿
zürafa

老鷹
kartal

野豬
yaban domuzu

魚
balık

龜
kaplumbağa

海象
mors

狐狸
tilki

羚羊
ceylan

動物園 - hayvanat bahçesi

橄欖球
amerikan futbolu

騎腳踏車
bisiklete binme

網球
tenis

籃球
basketbol

游泳
yüzme

拳擊
boks

冰球
buz hokeyi

美式足球

futbol

羽毛球

badminton

田徑

atletizm

手球

hentbol

滑雪

kayak

馬球

polo

跳
atlamak

擁抱
sarılmak

笑
gülmek

走路
yürümek

唱
söylemek

做夢
hayal etmek

祈禱
dua etmek

親吻
öpmek

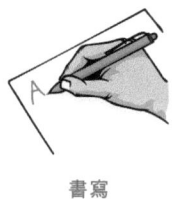

書寫
yazmak

畫
çizmek

展示
göstermek

推
itmek

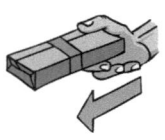

給
vermek

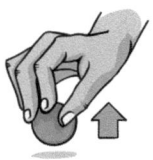

拿
almak

有
sahip olmak

做
yapmak

當
olmak

站
ayakta durmak

跑
koşmak

拉
çekmek

丟
atmak

摔倒
düşmek

躺
yalan söylemek

等待
beklemek

攜帶
taşımak

坐
oturmak

穿衣
giyinmek

睡覺
uyumak

醒來
uyanmak

看
bakmak

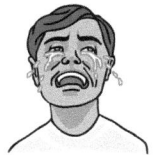

哭
ağlamak

擊
vurmak

梳頭
taramak

交談
konuşmak

明白
anlamak

問
sormak

聽
dinlemek

喝
içmek

吃
yemek

清理
düzenlemek

愛
sevmek

做飯
pişirmek

開車
sürmek

飛
uçmak

活動 - etkinlikler

航行

denize açılmak

計算

hesapla

讀

okumak

學習

öğrenmek

工作

çalışmak

結婚

evlenmek

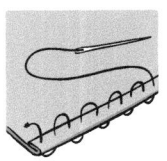

縫

dikmek

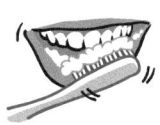

刷牙

diş fırçalamak

殺

öldürmek

抽菸

sigara içmek

寄

yollamak

祖母
büyükanne

祖父
büyükbaba

父親
baba

母親
anne

嬰兒
bebek

女兒
kız

兒子
oğul

客人

misafir

阿姨

teyze

叔叔

amca

兄弟

erkek kardeş

姐妹

kız kardeş

前額
▶ alın

眼睛
göz

臉
yüz

下巴
çene

乳房
göğüs

手指
parmak

手
el

手臂
kol

肩膀
omuz

腿
bacak

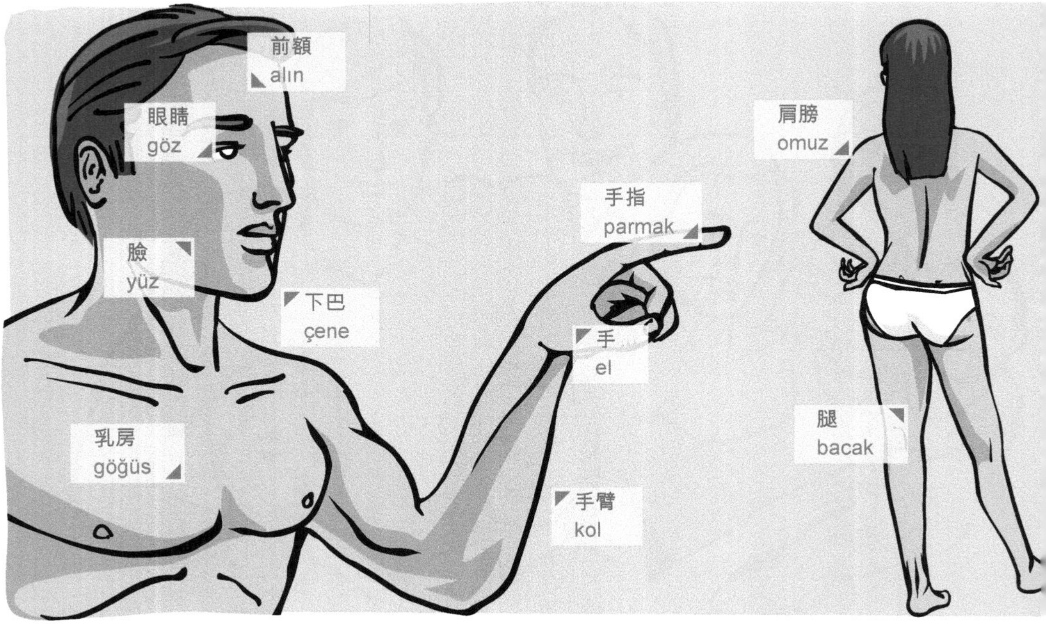

嬰兒

bebek

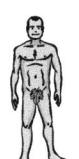

男人

adam

女人

kadın

女孩

kız

男孩

erkek çocuk

頭

baş

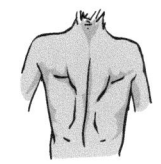

背部
sırt

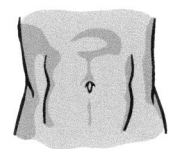

肚子
karın

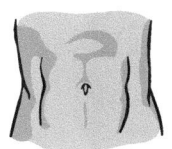

肚臍
göbek

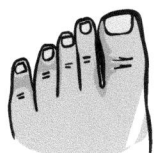

腳趾
ayak parmağı

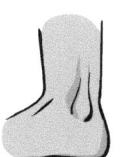

腳後跟
topuk

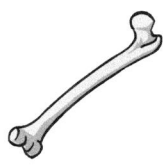

骨頭
kemik

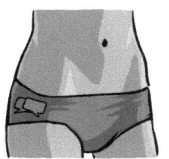

臀部
kalça

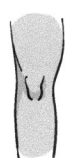

膝蓋
diz

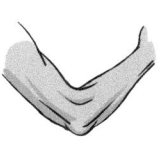

手肘
dirsek

鼻子
burun

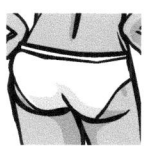

屁股
kalça

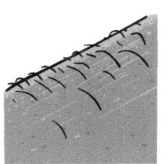

皮膚
deri

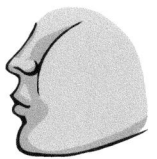

臉頰
yanak

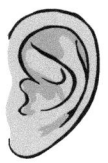

耳朵
kulak

嘴唇
dudak

嘴

ağız

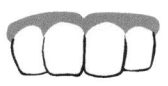

牙齒

diş

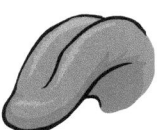

舌頭

dil

腦

beyin

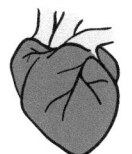

心臟

kalp

肌肉

kas

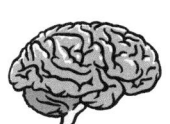

肺

akciğer

肝臟

karaciğer

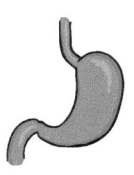

胃

mide

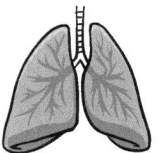

腎臟

böbrekler

性交

seks

保險套

prezervatif

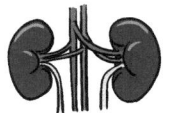

卵子

yumurtalık

精子

sperm

懷孕

hamilelik

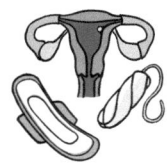

月事

regl

陰道

vajina

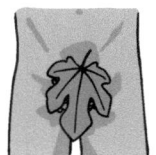

陰莖

penis

眉毛

kaş

頭髮

saç

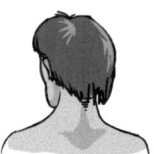

脖子

boyun

醫院

hastane

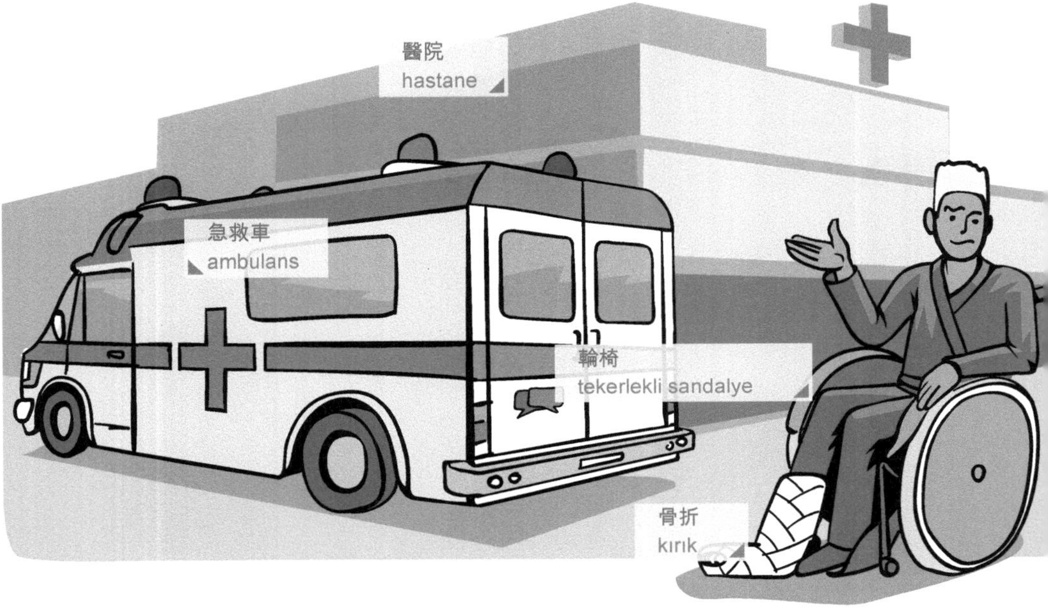

醫院
hastane
急救車
ambulans
輪椅
tekerlekli sandalye
骨折
kırık

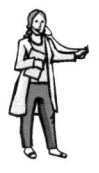

醫師
doktor

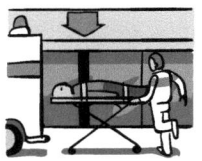

急診室
acil servis

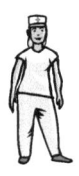

護理師
hemşire

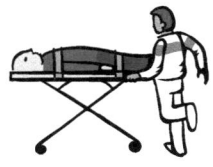

緊急情形
acil

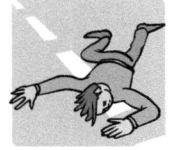

昏迷
baygın

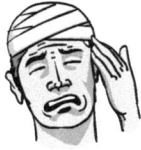

痛
acı

受傷
yaralanma

出血
kanama

心臟病發作
kalp krizi

中風
felç

過敏
alerji

咳嗽
öksürük

發燒
ateş

流感
grip

腹瀉
ishal

頭痛
baş ağrısı

癌症
kanser

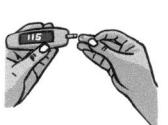

糖尿病
şeker hastalığı

外科醫師
cerrah

手術刀
neşter

手術
operasyon

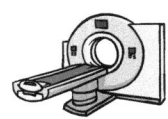

電腦斷層掃描
bilgisayarlı tomografi

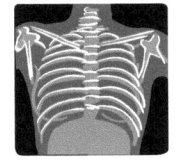

X光
röntgen

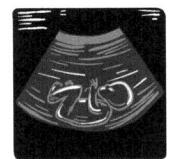

超音波
ultrason

口罩
yüz maskesi

疾病
hastalık

候診室
bekleme odası

拐杖
koltuk değneği

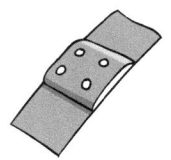

石膏
yara bandı

繃帶
bandaj

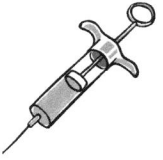

注射
enjeksiyon

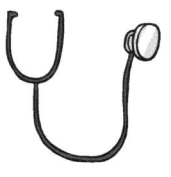

聽診器
stetoskop

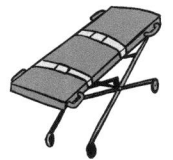

擔架
sedye

體溫計
tıbbi termometre

出生
doğum

超重
fazla kilo

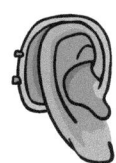

助聽器

işitme cihazı

消毒液

dezenfektan

感染

enfeksiyon

病毒

virüs

愛滋病

HIV / AIDS

藥物

ilaç

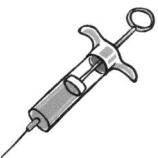

接種疫苗

aşı

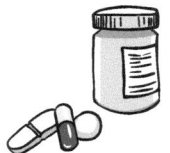

藥片

tablet

藥丸

hap

急救電話

acil çağrı

血壓計

tansiyon aleti

生病/健康

hasta / sağlıklı

救命！
İmdat!

警報
alarm

突擊
darp

攻擊
saldırı

危險
tehlike

緊急出口
acil çıkış

失火了！
Yangın!

滅火器
yangın tüpü

意外
kaza

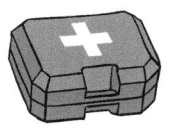

急救箱
ilk yardım çantası

呼救訊號
imdat

員警
polis

歐洲

Avrupa

北美洲

Kuzey Amerika

南美洲

Güney amerika

非洲

Afrika

亞洲

Asya

澳洲

Avustralya

大西洋

Atlantik

太平洋

Pasifik

印度洋

Hint Okyanusu

南冰洋

Antarktika Okyanusu

北冰洋

Arktik Okyanusu

北極

Kuzey Kutbu

南極

Güney Kutbu

南極洲

Antarktika

地球

dünya

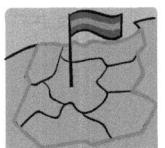

陸地

kara

海

deniz

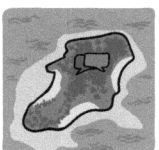

島

ada

國家

ulus

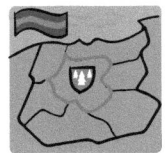

州

ülke

錶盤
kadran

時針
akrep

分針
yelkovan

秒針
saniye ibresi

現在幾點？
Saat kaç?

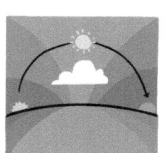

天
gün

時間
zaman

現在
şimdi

電子錶
dijital saat

分
dakika

時
saat

週一 Pazartesi
週三 Çarşamba
週五 Cuma
週二 Salı
週六 Cumartesi
週四 Perşembe
週日 Pazar

昨天
dün

今天
bugün

明天
yarın

早晨
sabah

中午
öğle

晚上
akşam

工作日
iş günleri

週末
hafta sonu

年

yıl

雨
yağmur
彩虹
gökkuşağı
雪
kara
風
rüzgar
春
bahar
秋
sonbahar
夏
yaz
冬
kış

4.APRIL 11°
5.APRIL 4°
6.APRIL 13°
7.APRIL 8°
8.APRIL 10°

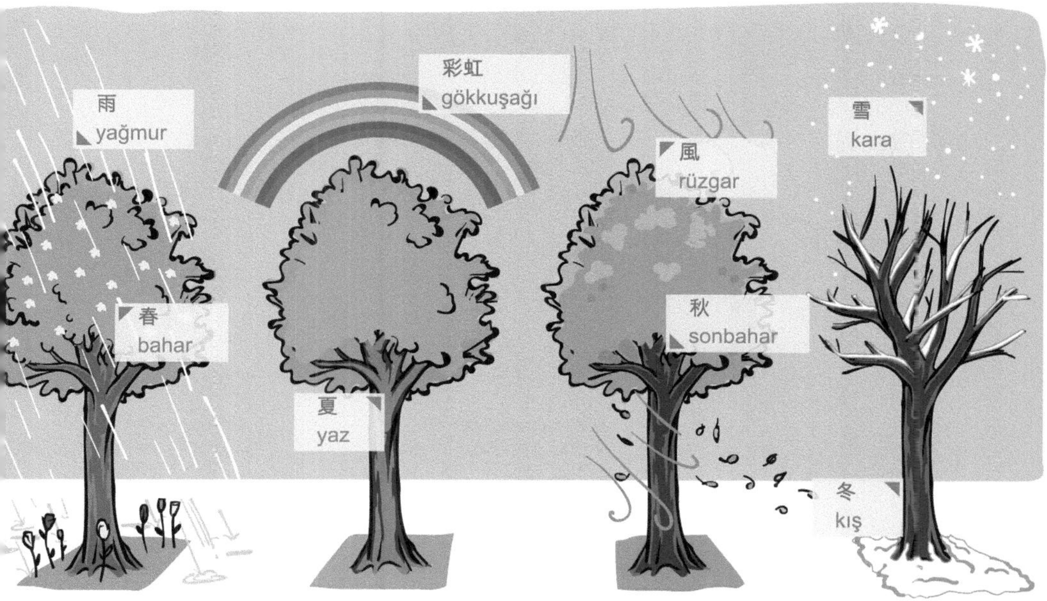

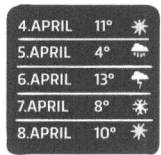

天氣預告

hava durumu tahmini

F C
120 90 60 30 0 -30
40 30 20 10 0 -10 -20

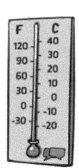

溫度計

termometre

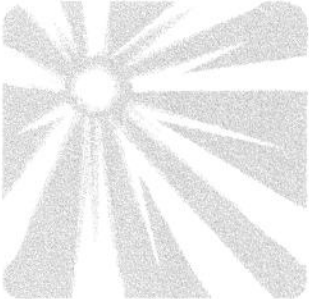

陽光

güneş ışığı

雲

bulut

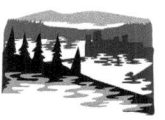

霧

sis

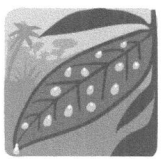

潮濕

nem

閃電

şimşek

打雷

gök gürültüsü

風暴

fırtına

冰雹

dolu

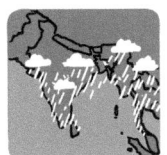

季風

muson

洪水

sel

冰

buz

一月

Ocak

二月

Şubat

三月

Mart

四月

Nisan

五月

Mayıs

六月

Haziran

七月

Temmuz

八月

Ağustos

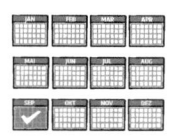

九月
....
Eylül

十月
....
Ekim

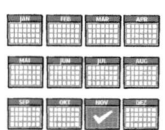

十一月
....
Kasım

十二月
....
Aralık

圓形
....
daire

正方形
....
kare

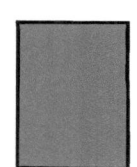

長方形
....
dikdörtgen

三角形
....
üçgen

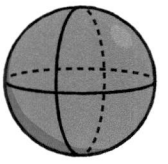

球體
....
küre

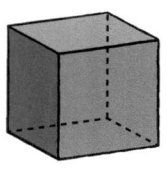

立方體
....
küp

白
beyaz

黃
sarı

橙
turuncu

粉
pembe

紅
kırmızı

紫
mor

藍
mavi

綠
yeşil

棕
kahverengi

灰
gri

黑
siyah

很多/少許
çok / az

生氣/平靜
kızgın / sakin

美/醜
güzel / çirkin

首/尾
başlangıç / son

大/小
büyük / küçük

明/暗
parlak / karanlık

兄弟/姐妹
erkek kardeş / kız kardeş

乾淨/骯髒
temiz / kirli

完整/缺失
tamam / eksik

白天/晚上
gün / gece

死/生
ölü / canlı

寬/窄
geniş / dar

可食用/非食用

yenilebilir / yenilemez

邪惡/善良

kötü / iyi

興奮/無聊

heyecanlı / sıkılmış

胖/瘦

şişman / zayıf

第一/最後

ilk / son

朋友/敵人

dost / düşman

滿/空

dolu / boş

硬/軟

sert / yumuşak

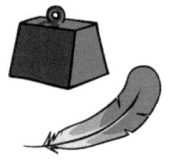

重/輕

ağır / hafif

餓/渴

açlık / susuzluk

生病/健康

hasta / sağlıklı

非法/合法

yasa dışı / yasal

聰明/愚笨

zeki / aptal

左/右

sol / sağ

近/遠

yakın / uzak

新/舊

yeni / kullanılmış

沒有/有些

hiçbir şey / bir şey

老/幼

yaşlı / genç

開/關

açma / kapama

打開/闔上

açık / kapalı

安靜/吵鬧

sessiz / gürültülü

富/窮

zengin / fakir

對/錯

doğru / yanlış

粗糙/光滑

pürüzlü / düz

傷心/高興

üzgün / mutlu

短/長

kısa / uzun

慢/快

yavaş / hızlı

濕/乾

ıslak / kuru

溫暖/涼爽

sıcak / serin

戰爭/和平

savaş / barış

數字
sayılar

0

零
sıfır

1

一
bir

2

二
iki

3

三
üç

4

四
dört

5

五
beş

6

六
altı

7

七
yedi

8

八
sekiz

9

九
dokuz

10

十
on

11

十一
on bir

88

數字 - sayılar

12
十二
on iki

13
十三
on üç

14
十四
on dört

15
十五
on beş

16
十六
on altı

17
十七
on yedi

18
十八
on sekiz

19
十九
on dokuz

20
二十
yirmi

100
百
yüz

1.000
千
bin

1.000.000
百萬
milyon

英語

İngilizce

美式英語

Amerikan İngilizcesi

普通話

Çince (Mandarin)

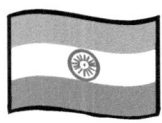

印地語

Hintçe

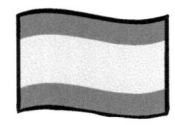

西班牙語

İspanyolca

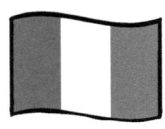

法語

Fransızca

阿拉伯語

Arapça

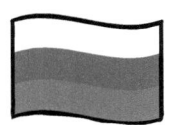

俄語

Rusça

葡萄牙語

Portekizce

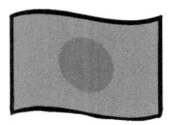

孟加拉語

Bengalce

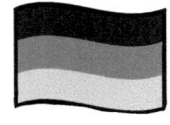

德語

Almanca

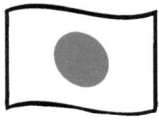

日語

Japonca

我
ben

你
sen

他/她/它
o

我們
biz

你們
siz

他們
onlar

誰？
kim?

什麼？
ne?

如何？
nasıl?

何處？
nerede?

何時？
ne zaman?

名字
isim

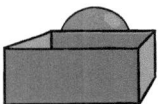

後面
arkasında

裡面
içinde

前面
önünde

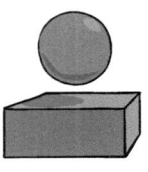

上方
üzerinde

上面
üstünde

下麵
altında

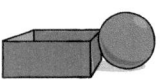

旁邊
yanında

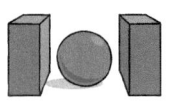

中間
arasında

地點
yer